LETTRE

D'VN ACADEMICIEN,

A UN SEIGNEUR

DE LA COUR,

A l'occasion d'une Momie apportée d'Egypte, & exposée à la curiosité publique.

OU SONT EXPLIQUE'ES TOUS les Hieroglyphes.

A PARIS;

Chez Robert Jean-Baptiste de la Caille, ruë S. Jâques, aux trois Cailles.

M. DC. XCII.

AVEC PRIVILEGE DV ROY.

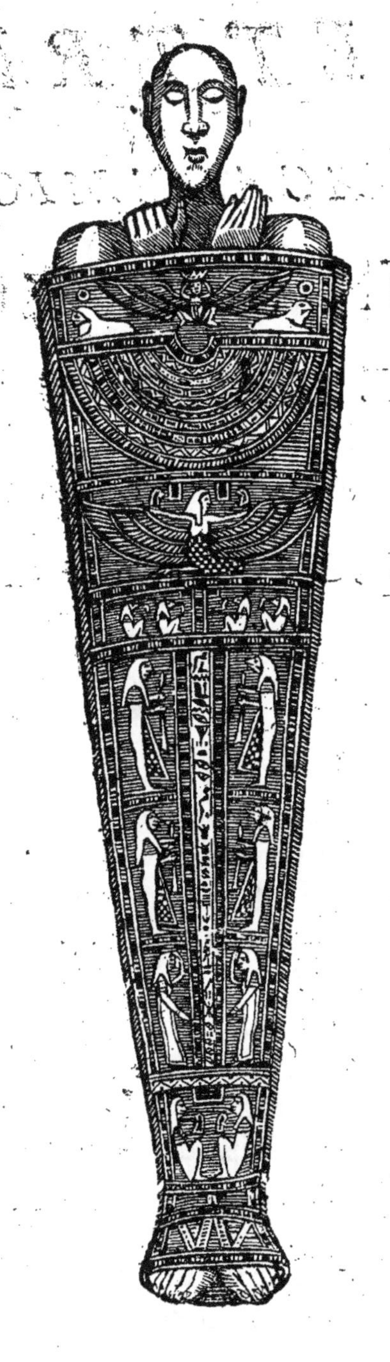

LETTRE
D'UN ACADEMICIEN
à un Seigneur de la Cour;

Ou sont expliquez les Hyeroglifes d'une Momie apportée d'Egypte.

VOus me preſſez, MONSIEUR, de répondre à la derniere de vos Queſtions ſur la Momie que vous avez vûë. Cette réponſe n'eſt pas auſſi aiſée à donner que celle que j'ay faite à vos trois premieres demandes, puiſqu'il s'agit de développer des myſteres que les Egyptiens ont toûjours affecté de tenir ſecrets, & d'en dérober autant qu'ils ont pû la connoiſſance aux Etrangers qui cherchoient de les penetrer. Je n'ay pas laiſſé de faire quelques remarques particulieres qui peut-eſtre ne vous deplairont pas. La premiere eſt, que les Egyptiens avoient l'uſage de l'or battu en feüilles; qu'ils appliquoient comme nous particulierement pour les viſages de leurs Dieux, & pour les figures des caiſ-ſes dans leſquelles ils enfermoient les corps em-

A

baumez de leurs morts. Car elles font toutes do=
rées, comme nous dorons fur le bois, & cét or a
confervé tout fon éclat, ee que j'attribue à l'affiette
fur laquelle cét or eft appliqué Car c'eft ainfi
qu'on a retrouvé le fecret d'appliquer l'or fur le
velin qui avoit été perdu, fans qu'on eut pû par-
venir à luj redonner cét éclat qu'il a dans tant
d'anciennes miniatures & dans tant de manufcrits
de plus de huit cents ans, ou il eft parfaitement
beau. J'ay été affez heureux pour contribuer
au rétabliffement de ce merveilleux fecret, &
vous ne ferez point fâché d'en fçavoir la maniere,
puifque vous verrez que le hazard a fouvent plus
de part à ces inventions que toute l'adreffe des
hommes. Il y a prés de trente ans qu'écrivant du
Blafon, je fis des recherches particulieres fur l'o-
rigine & les étymologies des émaux qui entrent
en la compofition des Armoiries, & comme je vou-
lois prouver que le pourpre n'êtoit pas une couleur
qui entrât dans les Armoiries, & qui y tint lieu
de métail ou de couleur, mais feulement un ar-
gent à qui l'humidité & le tems font changer
de couleur, & prendre celle de pourpre. Un Pere
Chartreux m'envoya un extrait d'un manufcrit de
trois cens ans, qui traitoit de la maniere d'écrire
& de peindre fur le velin, & de toutes les couleurs
dont on poûvoit fe fervir, tant pour les figures,
que pour les Caraéteres. Le titre de ce manufcrit
êtoit *Libellus de diftemperandis Coloribus*, & voicy
l'Article de l'application de l'or.

Sic literas & Armorias nobilium facimus in pergame-
no Pri s pro literis aureis (nunquam enim argenteas
facimus quia argentum perdit fuum fplendorem, & acci-

pis cum tempore purpureum colorem) ponimus gipsum di-
stemperatum cum glarea, deinde œrum, & tandem bra-
cteas auri, & polimus quando litteræ siccatæ fuerint
cum tabulâ Elephantinâ.

Quelques Religieux Benedictins, qui desiroient de rétablir des Livres de Chœur, & qui cherchoient depuis lontems ce secret perdu de la belle dorure des Lettres & des Vignettes, ayant vû cét extrait des couleurs & des enlumineures que j'avois publié dans un de mes ouvrages du Bloson, essayerent de s'en servir, mais le mot de *Glarea*, qu'ils entendoient du gravois (comme en effet c'est sa propre signification en langue Latine) leur fit perdre beaucoup de tems & de soins à broyer toute sorte de sables pour les mêler avec le plâtre selon les termes de ce Manuscrit: Enfin ils me consulterent, me demandetent la communication du manuscrit, dont je n'avois donné que quelques lambeaux, & m'ayant proposé leur difficulté, je leur dis qu'ils avoient crû l'Autheur Suisse trop habile en langue Latine; que *Glarea* se devoit entendre en cét endroit du blanc d'œuf, & non pas du gravois, parceque les Peintres, les Rélieurs, les Doreurs & tous ceux qui se servent de ces blancs d'œuf, leur donnent le nom de *Glaires*, & c'est un terme entre eux ordinaire de dire *glaiter les couvertures des Livres*. Ces Religieux travaillerent donc de nouveau & communiquerent leur travail à Dom du Four Religieux Chartreux de Rouën, qui le fit avec tant de succez, que l'on a aujourd huj de luj des Livres de Chœur & des Miniatures qui le peuvent disputer en beauté avec tout ce qu'il y a de plus parfait dans les anciens velins.

A l'égard de cette affiette, mon Manufcrit des Enlumineures, remarque que le plâtre de Paris, qui n'eft pas bon pour s'en fervir pour couleur, eft excellent pour fervir d'affiette à la dorure, & c'eft peut-être ce qui a fait qu'on a plûtôt reüffi en ce Païs à rétablir cette ancienne dorure. *Gipfum, dit ce Manufcrit, color albus eft. Ab Vrbe Parifienfi affertur. Sed nihil valet nifi ad aurum inpergameno ponendum.*

La feconde remarque à faire touchant les figures dorées fur l'enveloppe de la Momie, eft qu'elles font *bretelées*, c'eft à dire, tracées fur l'affiette avec un ébauchoir. Car c'eft ainfi que nos Doreurs quand ils veulent faire des ornemens fur les dorures plates les *bretent* ou *bretelent* en levant le platre, la terre ou la cire, & laiffent fur l'ouvrage des traits qu'ils nomment *Brettures*, apres quoj ils appliquent l'or qui paroift creufé dans les brettures.

Vous aurez pû remarquer MONSIEUR, que ces anciens Egyptiens qui fe vantoient d'avoir eu l'art de peindre fix mille ans avant que les Grecs en euffent aucune connoiffance, n'êtoient pas de fort habiles Peintres, & que Pline a eu raifon de dire que cette haute antiquité ne leur faifoit pas beaucoup d'honneur, puifqu'ils y avoient fait fi peu de progrez. *De Pictura initijs incerta quæftio eft. Ægyptij fex millibus annorum apud ipfos inventam, priufquam in Græciam tranfiret affirmant vanâ prædicatione ut palam eft.*

C'eft ainfi que les Chinois fe vantent d'avoir la Peinture, l'Artillerie, l'Imprimerie & l'Architecture de tems immemorial, fans être pour cela nj de fort habiles Peintres, nj de fort habiles

les Architectes, & guere plus avancez pour l'Imprimerie & l'Artillerie.

Je viens à l'explication de chaque figure en par-
ticulier, puisque c'est principalement ce que vous
desirez de moj. J'en ay observé quatorze. La premiere & la plus haute qui répond à l'endroit du
corps ou la Momie a les bras croisez, est un Escarbot espece d'insecte, que les Egyptiens consi-
deroient comme quelque chose de Divin, pour les
rapports qu'à cét insecte avec les operations de la
nature, & les mouvemens Celestes. Car quelque
vilain que soit ce petit animal qui est noir, & pres-
que toûjours dans l'ordure, il a un instinct merveilleux pour agir & pour conserver son espece. C'est
pour cela qu'Horus Apollo Philosophe Egyptien
qui a laissé quelques fragmens des Hieroglyphiques de sa Nation, qu'un Grec nommé Philippe
traduisit en sa Langue a fait un Chapitre entier
de l'Escarbot dont voicj la traduction.

*Quand nos Prêtres, dit - il, veulent signifier celuj
qui est né de luj méme, ou la naissance, ou un Pere, ou
le Monde, ou l'Homme, ils peignent un Escarbot.*

*Parceque cét animal s'engendre de luj méme sans l'aide
d'aucune femelle, car quand le masle veut produire ayant
trouvé une fiente de bœuf il en fait une boule ronde de
la figure du monde, & apres l'avoir roulé des pieds de
derriere du Levant au Couchant, & puis luj méme se
tournant vers le Levant il imite les mouvemens du monde, alors la boule va du Levant Equinoctial au Couchant
par un mouvement contraire à celuj des Estoilles.*

*Aprés avoir ainsi roulé sa boule il l'enfouit en terre
pour vint-huict jours, qui est le tems que la Lune met
à parcourir tous les Signes du Zodiaque, & pendant*

B

ce tems se forment & s'animent dans cette boule les Es-
carbots. Car le 29. jour qui est le jour de la conjonction
de la Lune avec le Soleil, & le tems des productions qui
se font dans la nature, il roule sa boule dans l'eau où
elle s'ouvre, & les Escarbots en sortent; & c'est pour
cela même qu'on en fait le Symbole de la Naissance,
& le Symbole des Peres, parceque l'Escarbot n'a qu'un
Pere & n'a point de Mere. Il represente le monde à
cause de la boule qu'il forme & qu'il roule, & l'hom-
me parcequ'il n'y a que des Escarbots mâles.

Vous aurez pû remarquer aux extremitez des
deux de ces boulles des aîles sur les têtes des Sphinx.

Horus ajoûte qu'il y a trois especes d'Escarbots.
La premiere de ceux qui ont une tête semblable à
celle des Chats, & accompagnée de rayons. Cette
espece est consacrée au Soleil, à cause de quelques
rapports que cét animal peut avoir avec cét astre.
Car ils disent que le Chat dont cét insecte à la figure selon les divers progrez du Soleil change la
disposition de ses paupieres, ne les ouvrant qu'à
demy au lever du Soleil, tout entieres au Midy, &
les resserre à proportion que le Soleil decline vers
le Couchant. C'est pour cela, dit Horus, que dans
la Ville d'Heliopolis qui est consacrée au Soleil; la
statuë de cét Astre qui est leur Divinité, a une tête
de Chat. L'Escarbot a aussi trente petit doits pour
representer les trente jours que le Soleil levant met
chaque mois à parcourir chaque signe du Zodiaque

La seconde espece d'Escarbot à deux cornes
comme les Taureaux, celuj cy est consacré à la
Lune, parceque le Taureau qui fait un des douze signes du Zodiaque est l'exaltation de cét Astre.

La troisiéme espece n'a qu'une seule corne, & il est consacré à Mercure comme l'oiseau Ibis, avec lequel il a quelque rapport.

Voilà ce qu'Horus a écrit de cét animal mysterieux. Appion qui étoit Egyptien aussi bien qu'Horus a donné de semblables explications de ces Mysteres pour justifier le mieux qu'il peut sa nation, d'avoir mis cét animal au rang de ses Divinitez, dont cependant Pline se moque au Chap. XI. du Livre 30. de son Histoire Naturelle. *Ægypti magna pars Scarabæos inter numina colit, curiosa Appionis interpretatione, quâ colligat Solis operum similitudinem huic animali esse, ad excusandos gentis suæ ritus.*

Porphyre pretend que cét animal a plus de sagesse que la plûpart des hommes, & que tous les animaux qui étoient consacrez au Soleil, comme celuj-cj, étoient plus aimez des Dieux que les hommes, mémes parcequ'ils avoient plus de penetration & plus d'intelligence qu'eux à l'égard des choses Divines. *Illi cumulatâ sapientiâ & Divinarum rerum consuetudine, quædam animalium magisquam homines à Dijs intellexerunt amari, quæ Soli maximé consecrata putant. Quia natura eorum sanguine & spiritu copiosissimo constet..... Scarabæum rerum divinarum indocti abominabantur, quod Ægyptij summoperé venerantur, animatam solis effigiem esse putantes. Scarabæus autem omnis virilem sexum habet, & spermate in stercus infuso, pila deinde confecta, pedibus involuitur, veluti Sol Cælum, & mensem Lunarem expectat.* Eusebe au troisiéme Livre de la preparation Evangelique, se moque de ces Réflexions de Porphyre. Mais quand je voy dans S. Ambroise & dans S. Augustin des applications encor plus basses de cét animal au fuiet de l'Incarnation du Fils de Dieu : je fuis furpris que des Peres de l'Eglife & des Docteurs auffi fages fe foient fervis de comparaifons & de figures fi extraordinaires pour expliquer nos Myfteres.

Cét Efcarbot eft de la premiere efpece, c'eft à dire de ceux qui étoient confacrez au Soleil, fa téte radieufe, & reffemblante à celle d'un Chat, de la maniere dont Horus les décrit en eft une preuve. Il fignifie icy les productions de la nature & reprefente la nature elle méme, dont l'étenduë des productions, & la viteffe des operations font exprimées par les deux grandes aifles qui accompagneut cette infecte.

Les deux Sphinx à téte d'Epervier qui font au côtez de l'Efcarbot, & qui luy tournent le dos, font felon Horus les images des deux Tropiques, lefquels fervent de bornes aux courfes du Soleil, qui eft le principe univerfel des productions de la nature fecretes & cachées comme le Sphynx étoit le depofitaire du fecret, & le fymbole du filence & de l'obfcurité. Les Egyptiens en marquoient les bornes de leurs champs par rapport aux Tropiques, & en faifoient les ornemens des portes de leurs Temples, pour enfeigner le refpect & le filence que demandoient les faints Myfteres.

Le Camail compofé de plufieurs chaifnes qui femble faire un ornement au deffous du fein de la Momie, eftoit felon quelques uns la figure des Spheres celeftes, & des cercles qui les compofent.

La figure qui eft au deffous de ce Camail, comme la figure principale entre ces myfteres, a la tefte contournée, les deux bras étendus avec des haches

ches dans les mains, deux grandes aifles eften-
duës, une queuë de dragon & un demy corps de
la ceinture en bas échiqueté de diverfes couleurs.
C'eft l'image de Typhon ce geant celebre, enfant
de la terre, qui fit la guerre aux Dieux, & qui les
obligea de fuir, & de fe cacher en Egypte.

Tous ceux qui ont écrit des Hieroglyphiques
des Egyptiens en font la figure du Soleil, qu'un de
nos Prophetes compare à un Geant, quand il dit,
Exultavit ut Gigas ad currendam viam, & à qui on
donne un demy corps de dragon, à caufe des in-
terfections des deux Cercles deferens du Soleil & de
la Lune, que les Aftronomes ont nommé nœuds,
tefte & queuë de dragons, *Caput & cauda draconis.*
Ses deux bras eftendus marquent fa puiffance fur
les deux Hemifpheres dont fes aifles font les Sym-
boles, comme les deux haches le font de fa lu-
miere & de fa chaleur, qui font fes deux principales
facultez. La diftinction des jours & des nuits eft
exprimée par les quarrez de diverfes couleurs. Deux
petites portes ou feneftres au deffus de luy font
les portes d'Orient & d'Occident fi celebres parmy
les Poëtes.

Les douze figures qui rempliffent le refte de la
couverture de la Momie font les figures des douze
mois, qui avoient chacun leur divinité auffi bien
que leur figne, comme Herodote & Diodore ont
remarqué. Les quatre filures accroupies, qui font
au deffus des autres font les quatre mois de l'Hyver,
durant lefquels la nature eft comme affoupie. Les
deux plus baffes qui font un peu moins accroupies
marquent le premier mois du Printemps où la nature femble fortir du fommeil & de l'affoupiffement

dans lequel elle estoit ; & l'autre le dernier mois de l'Automne où elle commence à s'assoupir. Les six grandes figures droites marquent les mois principaux de l'année, dont les deux plus feconds font ceux de la moisson representez par Ifis & Ofyris, qui ont des boisseaux fur la teste.

Les quatre mois de travail à cultiver la terre ont des instrumens d'Agriculture entre les mains, comme ceux de la recolte ont des boisseaux.

Ainfi tous ces mysteres ne font qu'une reprefentation du cours de la vie, ou du Calendrier, c'est à dire des revolutions de l'année par les courfes du Soleil & de la Lune, dont l'un fait l'année, & l'autre les mois. Les jours & les nuits font marquez par la queuë de Typhon échiquetée, comme j'ay déja remarqué.

Ces douze figures ont des testes d'animaux de Chien, d'Epervier, de Loup, de Chat, de Singe, de Cynocephale, &c. Diodore de Sicile rapporte trois caufes de ces figures dont il dit que la premiere est fabuleufe, c'est à dire celle de la fuite des Dieux à qui les Geants firent la guerre, & les obligerent de fe cacher fous les formes de divers animaux. Il attribuë la feconde aux Enfeignes militaires par lefquelles les anciens Egyptiens pour éviter le defordre & la confufion fe diftinguerent comme les douze Tribus des Ifraëlites avoient fait pour regler leurs campemens & leurs marches dans le defert. Le même Autheur dit aussi en d'autres endroits qu'Anubis portoit un cimier & un cafque de peau de chien, Macedo de peau de Loup, qu'Ofyris avoit pris la figure d'un Epervier, Ifis d'une vache ou d'un taureau, &c. Enfin la troifié-

mé raifon eftoit les fervices que rendoient ces animaux ; ce qui les avoit fait mettre au rang des Divinitez. Le même Autheur dit que Cadmus fit dorer le vifage d'un enfant que fa fille Semele avoit eu
d'un homme inconnu , qu'il naquit à fept mois,
qu'il voulut le faire paffer pour Ofyris , & le faire
adorer , & que de là vint l'ufage de dorer les vifa-
ges des Dieux.

Outre toutes ces figures , il y a au milieu une
bande de caracteres noirs qui s'eftendent du haut
en bas entre les fix figures droites. Le P. Kirker
pretend que ce font Hieroglyfiques qu'il faut
expliquer énigmatiquement comme les autres Sym-
boles , & que ce ne font que des prieres adreffées
aux bons genies , ou des conjurations contre les
mauvais genies , afin qu'ils ne nuififfent point aux
ames des Morts, dont les corps eftoient envelopez
de ces Myfteres. Je ne fuis pas de l'avis du P. Kirker , quand je lis au Livre 1. de Diodore, que les
Preftres Egyptiens avoient deux fortes de caracteres : des caracteres facrez dont ils fe refervoient
la connoiffance, & des caracteres communs qu'ils
enfeignoient aux enfans. Clement d'Alexandrie
en reconnoît trois efpeces. Les Hieroglyfiques
qu'ils n'employoient que pour marquer leurs myfteres. Les figures Techniques comme font les figures Geometriques de Lignes, de Cercles, & de
Triangles pour foudre des Problêmes, & les chif-
fres Aftronomiques par lefquels on marque les
douze Signes , les Afpects , Trins , Quadrats, &
Sextils des Planettes, leurs oppofitions & leurs
conjonctions , & enfin des caracteres ordinaires
que ce Pere appelle Epiftolographiques , parce

qu'ils s'en fervoient pour s'écrire des lettres les uns aux autres comme nous faifons.

Cette diftinction de caracteres remarquée par Clement d'Alexandrie, fait que je ne fuis pas entierement fatisfait des explications que le P. Kirker a données des Obelifques qui font à Rome, quelque fçavantes que foient ces explications, parce qu'elles font toutes Enigmatiques & Philofophiques, & que je n'y voit rien d'hiftorique & de literal. Cependant nous trouvons dans Diodore que les Pyramides, les Obelifques, les Tombeaux, & les Statuës avoient des Infcriptions literales, comme celle-cy de la Statuë d'Ofimanduas. *Ie fuis Ofimanduas le Roy des Rois. Si quelqu'un veut fçavoir quel homme je fuis, & où je fuis inhumé, qu'il tafche de faire quelque chofe de plus grand & de plus excellent que ce que j'ay fait.* C'eft ce mefme Prince qui fit mettre fur la porte de fa magnifique Bibliotheque cette Infcription : *Remedes pour les maux de l'efprit.*

Sefoofis ou Sefoftris faifoit élever dans les Provinces qu'il fubjuguoit des colonnes avec ces Infcriptions : *Sefoftris Roy des Rois, & Seigneur des Seigneurs, a foûmis par fes Armes cette Province.* Il fit baftir plufieurs Temples, & n'ayant employé pour ces ouvrages que des Efclaves pris en guerre, il fit mettre fur les portes de ces Temples, *que nul des naturels du pays n'y avoit travaillé.*

Le mefme Diodore a remarqué que l'on ne plaidoit en Egypte que par écrit, & que ceux qui avoient action contre quelqu'un donnoient aux Juges leurs demandes, que le Juge remettoit aux parties, qui eftoient obligées de donner leurs réponfes & leurs raifons par écrit, aufquelles il eftoit per-

mis de faire des repliques. Il y avoit donc des
caracteres propres de cette langue pour les affaires.
Je ne doute point que ceux qui sont entre les six
principales figures de la Momie ne soient de cette
espece, & que ce ne soit le nom, l'âge, & les qua-
litez des personnes qui fussent marquez par ces sortes de caracteres, dont nous n'avons aucun Alpha-
beth qui puisse nous servir de regle pour les déchi-
frer, comme on n'a point de Dictionnaire de cette
Langue dont nous trouvons cependant quelques
mots dans les anciens Autheurs Grecs.

Voila, MONSIEUR, tous les éclaircissemens
que je puis vous donner sur cette Momie sur laquelle vous avez voulu sçavoir mes sentimens. Je
vous les donne sur la foy des anciens Historiens.
Moyse qui avoit étudié en sa jeunesse ces mysteres
des Egyptiens, en a touché quelque chose dans
ses cinq Livres sacrez. Et Saint Estienne parlant
de luy dans le discours qu'il fit dans les Ecoles de
Jerusalem, le dit sçavant en ces sortes de connois-
sances. *Traditus omni sapientia Ægyptiorum* : Nous
aurions besoin de quelque Moyse aussi instruit qu'il
estoit dans ces mysteres pour nous déchiffrer ces
caracteres ; mais agréez, MONSIEUR, que je
me serve de ceux qui nous sont plus connuë pour
vous assurer que je suis,

MONSIEUR,

Vostre tres-humble & tres-
obeïssant serviteur......

Extrait du Privilege du Roy.

PAr Grace & Privilege du Roy, en date du 12. Février. 1679. Signé LE NORMANT scellé: Il est permis au R. P. C. F. M. de faire imprimer par qui bon luy semblera, en plusieurs Volumes *La Philosophie des Images, qui traite des Decorations Funebres, de l'Histoire & des Devises, Emblesmes, Hieroglyphes, Blasons, &c.* en tel volume, marge, caracteres que bon luy semblera, pendant le temps de six années, à commencer du iour que chaque Volume sera achevé, avec défences à tous autres tels qu'ils soient, de les contrefaires, sous peine d'amande arbitraire, dommages & interests.

Ledit R. P. C. F. M. a cedé au Sr. de la Caille le droit de sondit Privilege. Registré sur le Livre de la Communauté des Imprimeurs & Libraires de Paris le 19. Avril 1679. Signé GOVTEROT, *Syndic.*

www.ingramcontent.com/pod-product-compliance
Lightning Source LLC
Chambersburg PA
CBHW061843060726
47597CB00008B/3589